AF366072

Le Soldat du Pays

Tragédie de la Guerre de 1914

par

François Bernouard

Typographie
FRANÇOIS BERNOUARD
71, Rue des Saints-Pères, 71
A PARIS

François Benouard

Du même Auteur

Poèmes

Les Roses sous la Bruine (1905)
Futile, roman, suivi des Regrets à
   Futile (1910)
Les Regrets de Futile (1912)
Le Bonheur du Jour (1914)
La Berlue Rayonnante (1919)
Franchise Militaire (1928)

Théâtre

Futile (1 acte Théâtre de l'Œuvre 1912)
La Fièvre d'Amour (4 tableaux 1927)

La Guerre de la Paix

L'Attaque de Noyon (3 jours et 5 tableaux)
Le Soldat du Pays (3 jours et 7 tableaux)
Un Vainqueur (7 jours et 11 tableaux)

La Défaite de Vincent Hardy

Le Prisonnier du Jour (3 jours et 9 tableaux)
La Révolte des Valets (4 jours et 11 tabl.)
La Vengeance de l'Argent (6 jours et 15 tabl.)

Le Soldat du Pays

Tragédie de la Guerre de 1914

par

François Bernouard

Typographie
FRANÇOIS BERNOUARD
73, Rue des Saints-Pères, 73
PARIS

Justification

Il a été tiré de cet ouvrage :

35 exemplaires sur papier du Japon numérotés de   1 à 35

225 exemplaires sur papier de Madagascar numérotés de   36 à 260

2.000 exemplaires sur papier Vergé Francia numérotés de   261 à 2.260

Le
Soldat
du Pays

Première Journée

Premier tableau

La scène représente un carrefour de village, des routes vont à gauche et à droite, au milieu de la scène une immense porte cochère verte décolorée par le temps. Au milieu à droite dans la porte cochère une petite porte. Un soldat à bicyclette arrive, descend de sa machine, la pose contre le mur de la ferme et frappe à la porte.

UN CAPORAL-FOURRIER, *ouvrant la porte*.
Y a personne ! (*Un temps*). Y a personne ! !
Ça c'est ma poisse, y a personne ! ! ! (*Silence*).
J'arrive bon premier et personne...

UNE FEMME, *paraissant*.

Que me
voulez-vous ?

LE CAPORAL-FOURRIER
Pardon de vous déranger
madame, mais est-ce bien ici la ferme
des Hirondelles ?

LA FEMME, *lasse*.
Oui, mon enfant.

PREMIER CAPORAL-FOURRIER
Avez-vous

de la place pour cinq officiers, cent cinquante
sous-officiers et soldats et cinquante mulets ?

LA FEMME

Mon pauvre enfant, mais il y a ici de quoi
loger trois fois ce que vous dites, (*fièrement.*)
c'était avant la guerre la ferme modèle du
pays et de dix lieues à la ronde, mais la
guerre est venue, maintenant il n'y a plus
que les murs, les hommes sont tous partis
et tant de soldats ont passé ici que tout est
brisé ; ce qui n'est pas cassé est rouillé.
C'est la ruine ! (*Un autre cycliste arrive*).

PREMIER CAPORAL-FOURRIER

Ma
pauvre dame, c'est la même chose chez moi,
hélas ! C'est la guerre pour tout le monde,
et si nous revenons un jour chez nous,
nous aurons tous encore de la chance.

LA FEMME

Qu'ils
reviennent tous, c'est le seul espoir qui soit
permis à nos cœurs fatigués.

DEUXIÈME CAPORAL-FOURRIER

Madame,   avez-vous
des chambres pour mes officiers ?

PREMIER CAPORAL-FOURRIER, *au deuxième.*
Ça y est, je suis arrivé le premier et tu vas me griller la plus bath chambre, hein ?

LA FEMME
Ne vous fâchez pas, il y a de la place pour tout le monde.

PREMIER-CAPORAL FOURRIER
Elles sont propres, vos chambres ?

LA FEMME
Comme les derniers occupants les ont laissées.

PREMIER CAPORAL-FOURRIER
Ça veut dire qu'elles sont sales.

DEUXIÈME CAPORAL-FOURRIER
Ben, les tampons n'auront qu'à les nettoyer, ils n'ont qu'ça à faire entre leurs repas.

PREMIER CAPORAL-FOURRIER
Madame, ne pourrez-vous pas me prêter une paire de draps pour mon capitaine ? (*Une deuxième femme arrive*).

LA FEMME

Je n'en ai plus, mon enfant, tant de compagnies et d'officiers sont passés déjà...

LA DEUXIÈME FEMME

Que tous nos draps sont en loques, brûlés par les cigarettes, déchirés par les chaussures.

DEUXIÈME CAPORAL-FOURRIER

Comme partout.

PREMIER CAPORAL-FOURRIER

Mon capitaine est bien gentil.

PREMIÈRE FEMME

Depuis le temps que j'en loge, ce serait le premier.

UN SERGENT-MAJOR, *aux fourriers*.

N'est-ce pas ici que logent les 3 C. M.

PREMIÈRE FEMME

Généralement.

UN SERGENT-MAJOR

Voulez-vous, madame, nous faire visiter ?

DEUXIÈME FEMME

Vous n'avez pas besoin de nous, là où ma sœur et moi habitons c'est fermé à clef et partout où les portes sont ouvertes, c'est pour l'armée, dites ?

PREMIER CAPORAL-FOURRIER
aux autres soldats et aux deux femmes.

Laissez-moi choisir la plus belle chambre pour mon piston.

PREMIÈRE FEMME

Arrangez-vous ensemble, mes enfants, nous allons à la messe aujourd'hui, c'est dimanche ! A tout à l'heure.

DEUXIÈME FEMME

Ne faites pas plus de dégâts que les précédents c'est tout ce que nous vous demandons. (*Elles sortent*).

PREMIER CAPORAL-FOURRIER *aux autres soldats.*

Je suis arrivé le premier, c'est à moi de choisir.

LE SERGENT-MAJOR

Mon vieux, tu n'es que caporal-fourrier !

PREMIER CAPORAL-FOURRIER

Ça y est, j'arrive le premier et parce que t'es plus qu'moi, je vas me faire engueuler.

DEUXIÈME CAPORAL FOURRIER

Allons visiter. (*Il entre*).

LE SERGENT-MAJOR

Tu comprends, ou c'est toi ou c'est moi, mon piston m'envoie exprès.

PREMIER CAPORAL-FOURRIER

J'aurai encore huit jours...

LE SERGENT-MAJOR

Ou ce sera moi. La compagnie arrive dans une heure, dépêchons-nous, les camarades.

DEUXIÈME CAPORAL-FOURRIER

Faites donc comme moi, foutez-vous-en, mes officiers qu'ils soient bien ou mal logés, je suis toujours engueulé, ça ne durera pas plus que la guerre. (*Ils entrent tous*).

Fin du
Premier Tableau

Deuxième tableau

La scène représente l'intérieur de la ferme, la grange immense ; une porte à deux battants ouverts donne sur la rue du village, à terre de la paille à la longueur d'homme, des chemins dans la paille, partout des armes, des mitrailleuses, des caisses à balles, des mousquetons, des casques, des sacs, des baïonnettes, des soldats sont étendus, d'autres jouent aux cartes, d'autres cherchent leurs poux. Sans cesse, au loin le bruit du canon...

UN SOLDAT, *cherchant ses poux.*
Nom de Dieu de nom de Dieu on n'est pas
assez emmerdé avec c'te putain de guerre,
faut encore que c'te vermine s'en mêle !

UN SOLDAT MÉRIDIONAL, *à son copain.*
Vise-le ! il a les pognes rouges de sang.

UN SOLDAT PARISIEN, *qui joue aux cartes.*
'Spèce
de con, tu fais le même truc qu'à la partie
d'hier, si je fous la dame c'est pour les
tromper, parce que j'ai la manille, le manillon
et le roi d'atout ! et toi tu fous un sept de
carreau... Quel emmanché ! (*Un margis
d'artillerie entre*).

UN SOLDAT SAVOYARD.
Quoi, c'est pas grave !

LE SOLDAT PARISIEN
Mais non, mais non, des mecs comme ça,
ça n'est bon qu'à se faire bouziller à la
première attaque.

LE MARGIS D'ARTILLERIE
Dites, ce que ça cogne !

LE SOLDAT PARISIEN, *étonné*.
Qu'est-ce qui cogne ?

LE MARGIS
Le canon.

LE SOLDAT PARISIEN
Ah ! Quel
canon ?

LE MARGIS
Tu ne l'entends pas ?

LE SOLDAT PARISIEN
Où ça ?

LE MARGIS
Ecoute !

LE SOLDAT PARISIEN
Non, mais tu m'fais marcher !
C'est vot'fils, madame ? quel con ! y m'a

eu, mais non... t'as l'air plus con qu'moi,
toi, tu marches, d'où qu'tu d'viens ?

LE MARGIS

J'étais
à la défense des côtes. Je viens de Cherbourg.

LE SOLDAT PARISIEN

Ah non, les copains marrez-vous, c'mec là
i' connaît encore rien d'la guerre.

LE SOLDAT SAVOYARD

Pauvre
mignon, viande de conserve ! on t'a
désembusqué ?

LE SOLDAT PARISIEN

Un pucelage ! ! (*Entre le
capitaine, tout le monde se tait. Chacun regagne
sa place*).

UN CAPORAL

A vos rangs... fixe. (*Chacun se
met au garde à vous. Le margis disparaît*).

PREMIER CAPITAINE, *accent affecté.*

Voici
la Compagnie. (*Il prend un mousqueton*).
C'est juste... la prochaine fois vous serez
puni... (*il continue l'inspection*).

LE SOLDAT PARISIEN, *à un autre*.

Moi, l'attaque j'm'en fous, mais c'qu'est tarte c'est qu'les permes sont supprimées, et je n'étais plus que le trentième, ça va m' retarder !

UN SOLDAT LANDAIS

On ne reviendra pas tous, ça t'avancera.

UN SOLDAT SAVOYARD

Vise leur piston, il cherche huit jours de tôle.

PREMIER CAPITAINE

Vous savez que le cantonnement est consigné jusqu'au rapport ; après la soupe, revue de détail.

L'ADJUDANT, *saluant*.

Bien, mon capitaine ! (*Aux hommes*). J'en rends responsables les sous-officiers. (*Le capitaine sort, suivi des officiers*).

UN SOLDAT, *d'une autre compagnie*.
Toujours aussi vache, Attila ?

SOLDAT LANDAIS

T'en fais pas, on est mieux nourri que toi.

UN SOLDAT DU MANS

Il rage, il n'a pas un motif.

UN SOLDAT MÉRIDIONAL

Il marche dans les assauts ?

UN SOLDAT PARISIEN, *de l'autre compagnie.*
Il a fait le petit tour de sa ménagerie.

UN SOLDAT MÉRIDIONAL

Et le vôtre, toujours aussi fada ? (*Le deuxième capitaine apparaît seul*).

UN CAPORAL

A vos rangs, fixe !
(*Chacun gagne sa place*).

UN SOLDAT, *accent méridional.*

Au dernier coup dur, madame a encore été citée à la division, cette fois-ci elle le sera j'espère mais au corps d'armée.

LE CAPITAINE, *zozottant.*

Bonjour Montéléon, bonjour Berlioz.

CHAQUE SOLDAT, *saluant.*
Mon capitaine !

UN SOLDAT, *de l'autre compagnie*.
Vise-le, leur capiston, si il la salit.

LE CAPITAINE, *aux hommes*.
Vous savez, l'affaire sera dure, surtout procurez-vous de l'eau, n'oubliez pas une grenade, pas une cartouche, gardez bien vos vivres de réserve, des hommes qui en reviennent, certains ont bu leur urine, n'oubliez rien, c'est la guerre, (*en sortant*). la dure guerre !

UN SOLDAT, *à un autre*.
Ça y est, il commence à leur foutre les colombins. (*Devant la porte ouverte, des soldats épuisés de fatigue, les vêtements en désordre, passent*).

UN SOLDAT, *regardant dehors*.
Tiens ! des copains qui en descendent.

UN SOLDAT PARISIEN
Ah ! les pauv' mecs.

UN SOLDAT MÉRIDIONAL.
Heureux, dis, si nous en redescendons.

UN SOLDAT, *dehors, accent du Midi*.
Quelle compagnie ?

VOIX D'UN SOLDAT, *accent de Paris*.
Du gaz !

UNE AUTRE VOIX
C'eſt le 22 de Bourgoin ?

UNE AUTRE VOIX
Oui.

UN SOLDAT
Tu connais
l'gars Charton de la dixième ?

VOIX D'UN SOLDAT
Il eſt reſté
là-haut.

LE SOLDAT, *abattu*.
Merde !

UN SOLDAT
Tu le connais bien ?

LE SOLDAT, *abattu*.
C'eſt le mari de ma sœur.

UN SOLDAT
Pige donc
l'serpied qu'eſt su l'bourin du piſton.

UN SOLDAT, *au soldat accablé.*

Ça n'veut rien dire, il est peut-être prisonnier.

LE SOLDAT, *accablé.*
Oui ! Tu penses bien que j'vais pas leur écrire, pis c'était un bon gars, tu sais... élevés ensemble.

UN SOLDAT, *accent du Midi.*
Et celle-là, il ne reste que huit hommes, les cuistots qui n'ont pas monté et la roulante. (*Un soldat épuisé, couvert de boue, déchiré, sans casque. Il s'arrête, se repose, la main sur le chambranle de la porte*).

LE SOLDAT QUI DESCEND.
Ah ! merde... j'en peux plus.

UN SOLDAT
Où étiez-vous ?

UN AUTRE SOLDAT
Un quart de pinard ? (*Il lui tend son quart*).

LE SOLDAT, *vidant du vin.*
Tiens, bois.

LE SOLDAT QUI DESCEND.
Merci, vieux. (*Il boit d'un trait*).
A l'attaque des Quatre-Chemins.

UN SOLDAT

Une attaque seulement ?

LE SOLDAT QUI DESCEND, *se couche, las*.

Quatre et parfois ils nous contre-attaquaient neuf fois par nuit.

UN SOLDAT VOSGIEN

C'était dur.

LE SOLDAT QUI DESCEND.

Ah mon vieux !

UN SOLDAT BRETON

Et l'artillerie ?

LE SOLDAT QUI DESCEND.

Une pagaye !

UN SOLDAT

Comme toujours.

LE SOLDAT QUI DESCEND.

On en revient à quatre de la compagnie, les autres tués, blessés ou prisonniers, est-ce qu'on sait ? Je me rappelle plus rien.

UN SOLDAT

Alors la première attaque ?

LE SOLDAT QUI DESCEND.

Ça... ça s'est bien passé.
(*Il s'étend commodément, et un peu excité par
le vin*). Mais, après, quand il a fallu tenir la
position, ils nous foutaient en l'air, on les
foutait en l'air, enfin on a gardé le terrain
et dès qu'ils nous ont repérés, ah ! là ! là !

UN SOLDAT

Vous avez tenu longtemps ?

LE SOLDAT QUI DESCEND.

J'sais pus...
ah ! merde. Jamais je n'ai rien vu d'si dur,
j'voudrais que toutes les armes éclatent
dans les mains de ceux qui les ont.

UN SOLDAT

Encore
une compagnie qui n'a que ses cuisines !

UN SOLDAT, *à celui qui descend.*
Encore un quart ?

LE SOLDAT QUI DESCEND.

Oui. (*L'autre le sert*).
Merci. (*Il boit*).

UN SOLDAT

Et le ravitaillement ?

LE SOLDAT QUI DESCEND, *réconforté*.
Les tirs de barrage des Français et des Allemands les empêchaient de parvenir jusqu'à nous, on la sautait... La troisième compagnie s'est laissé chiper la première nuit, les boches qui nous surplombaient alors et renseignés par leurs avions nous ont repérés, qu'est-ce qu'on a pris toute la nuit.

LE SOLDAT DU PAYS,
entre, vêtu en simple soldat avec, très peu visible, le grade de sous-lieutenant.
Ils sont aux Quatre-Chemins sur la crête à gauche ?

LE SOLDAT QUI DESCEND, *sans le regarder*.
Oui... oui... A l'aube le commandant est venu aux tranchées, nous étions encore trente sur cent quatre-vingts. Il nous a dit : — " Mes enfants, (c'est la première fois qu'il nous parlait comme ça) si vous ne tenez pas jusqu'au renfort, je m'fous une balle dans la peau, les compagnies qui vous défendent à gauche seront perdues à cause de vous ". Je crois qu'il pleurait, alors on a tenu jusqu'au renfort.

UN SOLDAT

Longtemps ?

LE SOLDAT QUI DESCEND.

Deux   jours,   trois
nuits.

UN SOLDAT, *à lui-même*.

C'eſt long !

LE SOLDAT QUI DESCEND.

J'te crois... Lieutenant,
capiſton étaient crounis ; on m'a mis homme
de liaison au commandant, l'autre s'était
laissé poirer, on m'a donné deux prisonniers
à remettre au commandant, ils avaient une
sale gueule, des Bavarois quoi ! y n'voulaient
pas s'presser et comprenaient pas le français,
y en avait un qui relaçait toujours ses
souliers, j'étais tout seul, j'sais pas pourquoi
j'les ai bouzillés.

LE SOLDAT DU PAYS

T'as eu peur ?

LE SOLDAT QUI DESCEND.

Peut-être ?
L'commandant l'a su, y voulait m'faire passer
au tourniquet, mais j'ai eu d'la veine, à dix

pas d'moi, un gros noir lui a coupé la tête,
maintenant j'suis peinard.

LE SOLDAT DU PAYS

Quand montez-vous !

UN SOLDAT

Ce soir sans doute. (*Les deux fermières
rentrent et regardent le Soldat du Pays*).

LE SOLDAT DU PAYS

Ce sera

pour attaquer ?

LE SOLDAT

Sans doute.

PREMIÈRE FEMME

Mais on dirait

Jean !

UN SOLDAT

Nous devons continuer l'attaque et
prendre le village, d'après l'cycliste de la
division.

DEUXIÈME FEMME

Mais oui ! C'est toi, Jean ? (*Il se
retourne*).

LE SOLDAT DU PAYS

Bonjour, cousines. (*Ils s'embrassent*).
Tu as des nouvelles ?

DEUXIÈME FEMME

Nous ne sommes qu'à
une lieue et demie d'eux, mais ils sont plus
loin, hélas, qu'au bout du monde.

PREMIÈRE FEMME

Avant
l'attaque, les observateurs disaient qu'ils
étaient encore là.

UN SOLDAT

Oui, mais c'coup-ci on
les enfoncera, il paraît qu'ils se préparent
à les mettre.

LE SOLDAT DU PAYS

Comment peuvent-ils vivre
dans cet enfer !

PREMIÈRE FEMME

On dit ça depuis quatre ans.

DEUXIÈME FEMME

Mais ce n'est pas ton régiment ?

LE SOLDAT DU PAYS
Je suis en permission.

PREMIÈRE FEMME
Depuis quand ?

LE SOLDAT DU PAYS
Je viens d'arriver.

PREMIÈRE FEMME
Viens déjeuner avec nous, tu verras les autres après, il en reste bien peu, tu sais.

LE SOLDAT DU PAYS
Oui... merci... avant je veux savoir ce que cette compagnie doit faire.

PREMIÈRE FEMME
Pauvre Jean.

LE SOLDAT DU PAYS, *ému et le cachant.*
Le curé est encore là ?

DEUXIÈME FEMME
Non, non, c'est un aumônier militaire qui dit la messe.

LE SOLDAT DU PAYS, *ne sachant quoi dire.*
Oui, je comprends... vous en venez.

PREMIÈRE FEMME

En revenant de notre pauvre église, blessée elle aussi, nous avons rencontré le reste des compagnies qui ont cantonné ici il y a quelques jours, comme ils étaient les pauvres enfants... et si peu, les malheureux !

DEUXIÈME FEMME

Quand je les ai vus en un tel état, je me disais les larmes aux yeux en pensant à vous tous aussi : Oh ben non, Dieu n'existe pas ! *(Son paroissien tombe à terre).*

Fin du
Deuxième Tableau

Deuxième Journée

Troisième Tableau

Une tranchée, comme elles étaient toutes, il pleut, des soldats de garde parlent, c'est la fin du jour, concert de bruits d'explosions de guerre.

UN SERGENT, *aux hommes*.

Le génie aura terminé vers minuit les parallèles de départ, de minuit jusqu'au petit jour, notre artillerie tassera les tranchées ennemies et à l'heure *H* nous attaquerons le village qui est à deux cents mètres, il se peut — et c'est même certain — que les Allemands nous attaqueront avant l'aube, ils connaissent la position mieux que nous, faites attention.

UN SOLDAT SAVOYARD

Tu parles d'un métier : mal bec'ter, avoir froid, tout ça pour crever.

UN CAPORAL

Tu veux aller voir la patrouille ?... alors tais-toi.

UN SOLDAT PARISIEN

Mon vieux ! les cognes derrière ne te rateront pas, les boches sont moins vaches.

UN SOLDAT MÉRIDIONAL

Quand il y a un coup dur, j'écris aux vieux que je change de secteur, qu'ils seront, quelques jours sans nouvelles comme ça, je pense, ils dorment bien.

UN SOLDAT PARISIEN

C' que ça cocotte ici !

UN SOLDAT SAVOYARD

Ça sent le macchabée boche.

LE SOLDAT PARISIEN, *montrant une tête*.

Regarde, c'est cette vache-là, il est venu crever ici pour nous asphyxier.

UN SOLDAT MÉRIDIONAL

Il est marrant, il n'a que la tête qui dépasse.

UN SOLDAT SAVOYARD

Elle est bien passée au papier de verre.

UN SOLDAT PARISIEN

Je vous en prie, restez couvert,
vous allez vous enrhumer.

UN VIEUX SOLDAT BARBU

Pauvre mère !
Qui sait ? Pauvres gosses !

UN SOLDAT PARISIEN

On n'a tout de
même pas idée de faire coucher les gens
dehors en novembre par un temps pareil !

UN VIEUX SOLDAT, *regardant l'Allemand mort.*

Si
ce n'est pas la plus triste des choses de voir
tant de morts innocents et de savoir que les
vrais assassins vivent à l'arrière, mangent
bien et dorment presque tranquilles dans de
bons lits.

UN SOLDAT SAVOYARD

Tiens, vise le margis d'artillerie
s'il a la pétouille.

LE SOLDAT PARISIEN

C'est le mec qu'a voulu
m'avoir hier ?

UN SOLDAT MÉRIDIONAL

Il vient dans notre secteur.

LE SOLDAT PARISIEN

J'vas lui faire son éducation guerrière, tu vas t'marrer. (*A l'artilleur*). Eh camarade qu'est-ce que tu fous par ici ?

L'ARTILLEUR

Je viens pour établir la liaison.

LE SOLDAT PARISIEN, *bas*.

Ta gueule, parle pas si fort. Quel con, tu vas nous faire repérer. (*Un obus éclate*). Ça y est !

UN SOLDAT MÉRIDIONAL

Cache-ton crâne tête de lard, ils vont te viser et tu vas nous faire massacrer.

LE SOLDAT PARISIEN

Quand les artilleurs ne nous amochent pas avec leur 75 trop court, ils nous font bouziller par leurs collègues d'en-face.

L'ARTILLEUR, *courbé, à voix basse*.

Les boches ne sont pas loin d'ici ?

LE SOLDAT PARISIEN

Messieurs les Allemands sont à dix mètres, vingt au plus.

L'ARTILLEUR

Ils ne vont pas nous attaquer j'espère ?

LE SOLDAT PARISIEN

Pas sans ta permission, fleur de nave !

LE SOLDAT MÉRIDIONAL

Ils ne cessent pas de nous persécuter avec toutes leurs engeances, y compris les gaz asphyxiants.

LE SOLDAT PARISIEN

Mais tu sais, nous, on défend la viande de conserve.

L'ARTILLEUR, *étonné, sans comprendre.*

Ah ! laquelle ?

LE SOLDAT PARISIEN

Là ! (*Il le montre*).

L'ARTILLEUR, *regardant autour de lui.*

Ah !

LE SOLDAT PARISIEN

Dis-moi, dis-moi, camarade patate, comment que tu vas t'y prendre pour établir ta liaison ?

L'ARTILLEUR

Selon les

nécessités, je téléphonerai... si les lignes
sont pas coupées, je lancerai des fusées.

LE SOLDAT PARISIEN
Ben, mon vieux, alors il faut regarder par
dessus le parapet. (*Les balles sifflent*).

L'ARTILLEUR, *se lève et regarde*.
Mais...
je ne vois rien !

UN SOLDAT MÉRIDIONAL
Voilà ce que l'on nous
envoie la veille d'une attaque.

LE VIEUX SOLDAT
Le monde se
fait rare.

LE SOLDAT PARISIEN, *au margis*.
Il faut se mettre debout. (*Le
Soldat du Pays paraît*).

L'ARTILLEUR
...Mais c'est très
dangereux.

LE SOLDAT PARISIEN
Mais non, j'y suis depuis plus
de trois ans.

L'ARTILLEUR

Et comment en même temps diriger les tirs ? J'ai bien étudié la carte, mais...

LE VIEUX SOLDAT

Si tu veux, nous qui en avons l'habitude, nous allons t'apprendre ça.

LE SOLDAT PARISIEN

Nous aussi, on a étudié le canevas d'artillerie pour l'attaque de demain.

L'ARTILLEUR

Vous me rendrez service, car j'ai peur de faire des gaffes. (*Le Soldat du Pays s'avance, et va vers le parapet*).

LE SOLDAT DU PAYS

On va t'enlever celle des gaffes.

UN CAPORAL

Où vas-tu te mettre ?

LE SOLDAT PARISIEN

Là, à plat ventre sur la rampe de la mort.

LE SOLDAT DU PAYS

Je vais prendre la garde avec toi, je connais les coins.

LE SOLDAT PARISIEN, *étonné*.

Tu connais le pays ?

LE SOLDAT DU PAYS

J'te crois que je le connais : ici, c'était un de mes champs, on y faisait de l'avoine, elle était belle en 14, fauchée, liée, en meules... Ah les vaches ! ! !

LE SOLDAT PARISIEN

T'es d'quel patelin ?

LE SOLDAT DU PAYS, *inspectant l'horizon*.

De celui où l'on entrera demain.

LE SOLDAT PARISIEN

Pas tous bien sûr ; attention, ils sont à vingt mètres.

LE SOLDAT DU PAYS

Est-ce là mon charmant village ? C'est là que j'ai vécu et je ne reconnais rien, aucun coin du paysage, où sont les arbres de la route qui conduisait à ma ferme ? où est-elle ma vieille maison, où mes aïeux, moi et ma sœur nous étions nés ?

LE SOLDAT PARISIEN, *à l'artilleur*.

Explique-moi camarade latatepem, la couleur pour allonger le tir.

L'ARTILLEUR

Allonger le tir, une fusée rouge, deux, plus loin, trois, encore plus loin.

LE SOLDAT DU PAYS

Où est sur ma petite rivière, l'endroit où sous les grands peupliers s'amassait toute l'ombre de l'été, où pour quelques espoirs, choses, enfants, j'ai soupiré... Où sont mes biens ? où sont mes champs où l'on travaillait dès le jour, mes champs où poussaient le froment, l'avoine et l'orge, selon ma force et mon talent, où sont mes moissons entassées un peu partout sur cette plaine et qui formaient des points d'or ?

LE SOLDAT PARISIEN, *à un soldat*.
Mon vieux, ça me remue les tripes.

UN SERGENT MÉRIDIONAL

Puisque la pluie s'arrête, je vais regarder encore la carte. Venez, vous autres. (*Les soldats se groupent*).

LE SOLDAT PARISIEN *au Soldat du Pays.*
Tu vois c'tas blanc ? Baisse la
tête. (*Des balles sifflent*). C'est là qu'sont
les mitrailleuses boches.

LE SOLDAT DU PAYS,
C'est chez moi,
où est la grave Madeleine, ma femme et
Pierre mon petit gars, où est Aline ma jeune
nièce, sa mère, ma bonne sœur et mon père
qui vécut trop tard, puisqu'il a vu tant de
malheurs.

LE SOLDAT PARISIEN
Pauvre mec, il a pas la bonne
place.

LE VIEUX SOLDAT
Tais-toi, tais-toi, laisse-le parler, ça
soulage son cœur malheureux.

LE SOLDAT DU PAYS
Tout est à
bas, (*se tenant la tête dans les mains*). tout
est en miettes, la place même m'est inconnue,
là, la plus effroyable foudre, pendant des
ans, a tout détruit.

LE SERGENT
Ce que l'on doit prendre

en premier, ce sont les mitrailleuses du point O 16 et M 4.

LE SOLDAT DU PAYS, *se retournant*.
Souvenir de ma jeunesse, tu n'es plus qu'un point sur la carte.

LE VIEUX SOLDAT, *voulant le consoler*.
On est tous logés à la même enseigne.

LE SOLDAT DU PAYS, *véhément*.
Oui, oui, mais je suis parti l'un des premiers pour défendre de notre sol l'intégrité, sans craindre ni la mort, ni la souffrance, partout je me suis battu, j'ai défendu pouce à pouce, pied à pied l'entrée de mon pays à l'étranger, nous n'étions pas assez nombreux puisque les Allemands haineux ont pris mes biens, démoli ma maison, brûlé ma grange et détruit mes terrains.

UN SOLDAT SAVOYARD
Quel pilonnage ! Qu'est-ce qu'ils prennent.

LE SOLDAT PARISIEN
Maintenant on peut regarder, les boches sont dans les trous.

LE VIEUX SOLDAT

Et moi ? est-ce que je sais ce que je vais
retrouver quand je rentrerai à la maison.

LE SOLDAT DU PAYS

Honte à celui qui n'est pas venu, honte à
celui dont le courage a fait défaut quand les
barbares massés ravageaient ma belle
province et que chez lui je le défendais,
honte à ceux qui, bien portants, n'étaient
pas là, à leur place, dans le rang et ne sont
pas venus individuellement défendre la
collectivité quand la horde menace et sont
cause que là-bas, les bords des routes sont
jonchés de tant de croix.

L'ARTILLEUR

La fusée verte .
tir de barrage; deux fusées vertes : allonger
le tir, trois fusées vertes : allonger encore
le tir.

LE VIEUX SOLDAT

Est-ce que les chefs qui se couchaient
à six heures et celui qui a fait rater l'attaque
du 9 mai ne sont pas coupables ? mais on les
aura un jour, il faudra bien que ces vauriens
incapables soient punis. Et les Anglais,

pourquoi se sont-ils barrés à l'Éclusier, à Lihons, au Mont Kemmel.

LE SOLDAT DU PAYS

Que tous ceux-là ne trouvent jamais, jamais un banc pour s'asseoir, une femme au cœur français pour les aimer, une main pour serrer la leur, un ami aux mauvais moments, un pardon à leur faute jusqu'à la mort !

LE SOLDAT PARISIEN

T'en fais pas, on les aura.

LE VIEUX SOLDAT

Tais-toi.

LE SOLDAT DU PAYS

Que m'importe mon village et les villes, je n'ai plus rien, souillez-vous de notre sang innocent, c'est une page de leur histoire ineffaçable, les faits sont là. (*Il montre son village*). Détruisez de vos mains d'esclaves nos œuvres, après Saint-Cloud, Reims, mais c'est en vain, nous vous tenons enfin, vous n'éloignerez pas de vos orgueils la défaite qui vient. Aujourd'hui tout peut disparaître, même Paris, nous avons debout dans nos têtes les monuments de nos aïeux et jamais notre volonté d'être vainqueurs pour la paix du monde ne nous abandonnera, car nous devons un jour remettre, devoir sacré, sauvées de vos pensers vulgaires, notre langue et nos libertés à nos enfants.

LE SOLDAT PARISIEN

Attention, la fusée verte.

UN SERGENT

Prenez vos places, ils vont attaquer. *(A un soldat)*. Va chercher le lieutenant.

LE SOLDAT DU PAYS

Guerre dans la guerre, guerre sur terre et sous terre, guerre sous mer et sur mer, guerre dans les airs et les nuages, guerre par le fer, par le feu, par les gaz, guerre partout et guerre encore à Dieu si l'Allemand gagnait.

LE SERGENT

Ça y est, de la grenade, les boches viennent.

LE VIEUX SOLDAT

Ils veulent prendre les parallèles.

L'ARTILLEUR

Qu'est-ce qu'il faut faire ?

LE SOLDAT PARISIEN
Tir de barrage eh ! patate ! ! !
(*Il allume des fusées.*)

L'ARTILLEUR
Pas plus de deux à
la fois.

UN SOLDAT MANCEAU
Sergent, notre chef de pièce,
Jacques Doullens vient d'être tué. Par qui
faut-il le remplacer ?

LE SOLDAT DU PAYS
Sergent, je vais m'y
mettre. (*Au soldat*). Où êtes-vous ?

LE SOLDAT MANCEAU
Là. (*Il
montre un endroit*).

LE SOLDAT DU PAYS
Je vais me mettre devant
dans un énorme trou d'obus d'où mon tir
sera plus juste, viens.

LE SERGENT
Tu connais l'Hotchkiss ?

LE SOLDAT DU PAYS
J'étais mitrailleur dans l'active.

LE SERGENT

Alors, va.

LE SOLDAT DU PAYS, *aux autres*.
Servez-moi bien, on va faire du bon boulot.
(*Il monte sur la tranchée*). Passez-moi la
mitrailleuse. Merci, maintenant le trépied.
Merci, maintenant des caisses, une, deux,
merci et dès que je tirerai, apportez-moi
d'autres caisses.

LE SOLDAT PARISIEN

Une verte pour qu'ils tirent
sur O. 16 et M. 4.

LE SOLDAT DU PAYS

Sur les restes de ma
maison.

LE SERGENT
Allez, allez aux parapets.

UN CAPORAL, *à un soldat*.

Gueule
aux armes, que tout le monde soit là.

PLUSIEURS SOLDATS, *criant*.

Aux
armes ! ! Aux armes ! ! !

UN SOLDAT, *arrivant*.

Les boches attaquent ?

LE VIEUX SOLDAT

Attendez de les voir pour lancer vos grenades et attention au copain qu'est dans le trou d'obus. (*On crie aux armes*).

UN SOLDAT NORMAND, *à un autre.*

Tu m'as pris mon fusil.

UN SOLDAT BRETON

J'men fous, prends-en un autre.

LE SOLDAT NORMAND

Rends-le moué.

LE SOLDAT BRETON

Merde, prends-en un autre.

LE SOLDAT NORMAND

Tu n'veux pas me le rendre.

LE SOLDAT BRETON

Non que je te dis.

LE SOLDAT NORMAND

Ben... tiens ! (*Ils se battent, roulent à terre pendant que les autres soldats au parapet tirent des coups de fusil et que l'on entend tous les bruits de la guerre*).

Fin du
Troisième Tableau

Quatrième Tableau

*Une grande salle à manger-cuisine de campagne ;
les fenêtres sont fermées, les volets tirés, les
carreaux sont remplacés par des étoffes, la
porte est fermée, il fait sombre, par des fissures,
les raies du jour seules éclairent un peu, de temps
à autre le soleil arrive et disparaît. Une grande
trappe de cave est ouverte. Un vieillard est assis
dans un fauteuil ; près de lui, debout, une femme
lui tient compagnie, les meubles sont renversés,
les murs délabrés, le plafond crevé par endroits,
on entend une grosse détonation pendant que le
rideau se lève.*

UNE VOIX D'ENFANT

Maman, permets-moi, permets-moi de monter, je vais essayer de voir si les Allemands sont encore dans le village.

LA MÈRE, *près du vieillard*.

Mais non mon enfant, sois sage. Tu sais les ordres, et si les Allemands y sont encore et qu'ils te voient à la fenêtre du grenier ils te fusilleront sur place.

VOIX DE L'ENFANT, *très douce*.

Ils ne me verront pas, je ferai très attention, je te le jure.

LA MÈRE, *suppliante*.

Tais-toi, tais-toi.

VOIX DE L'ENFANT

Moi, je te dis qu'ils sont partis.

LA MÈRE

Père, dites-lui de se taire, de ne plus faire de
pareilles demandes.

LE VIEILLARD

Tu entends les départs
et les eclatements dans le village ?

VOIX DE L'ENFANT

Ce sont
les Français qui tirent et les éclatements
sont allemands.

LE VIEILLARD

Mais tu ne connais pas les
départs des canons français.

VOIX DE L'ENFANT

Père, ce ne sont
pas les mêmes bruits que d'habitude.

LA MÈRE

Ils
sont sans compréhension, vulgaires, mais
pourtant, ils n'auraient pas cette inhumanité
de nous massacrer dans nos maisons après
nous y avoir enfermés.

VOIX DE L'ENFANT

Grand-père, je te

dis que ça doit être les départs des canons français.

LE VIEILLARD

De la cave, tu ne peux pas entendre la différence.

LA MÈRE

Les obus redoublent, ils ébranlent la maison.

LE VIEILLARD

Il me semble que les obus viennent du nord, n'est-ce pas Marie ?

LA MÈRE

Alors, les Allemands battraient en retraite ?

LE VIEILLARD

Sans doute, ils ne voulaient pas qu'on les voit se sauver, c'est la raison de l'ordre de rester chez nous, pendant trois jours et trois nuits sous peine de mort.

LA MÈRE

Ce n'est pas possible, ce serait trop bête. .

VOIX DE L'ENFANT

Je ferai attention et si les Allemands sont partis j'irai prévenir les Français.

LA MÈRE

Tais-toi, mais tais-toi donc, s'ils t'entendaient, ils rentreraient te tuer.

VOIX DE L'ENFANT

Ils ne sont plus là !

LA MÈRE

Père, dites-lui de se taire, ils me le tueront... ils sont là... Je le sens. (*Bas*). J'ai peur !

LE VIEILLARD

Ils tirent sans doute dans les endroits où ils savent qu'il ne reste plus des leurs.

LA MÈRE

Oui, ils ont laissé des guetteurs et des nids de mitrailleuses qui prennent les rues en enfilades.

LE VIEILLARD, *à l'enfant*.

Et si l'un d'eux écoute aux portes ils sont capables de tout, ils rentreront et fusilleront l'un de nous pour l'exemple, pour les autres habitants. Tais-toi, mon enfant, il le faut, écoute ton grand-père. (*On entend une grosse détonation, les meubles tremblent, le plafond se casse encore un peu, la trappe se referme*).

LA MÈRE, *effrayée*.

Père laissez-moi vous porter à la cave, ce serait plus prudent.

LE VIEILLARD, *décidé*.

Non, ils font sauter l'entrée du village, descendez, vous, Marie, non... il vaudrait peut-être mieux même ne pas rester dans la cave. Auraient-ils vu des Français qui se seraient infiltrés ?

VOIX DE L'ENFANT

Grand-père ! Maman, vous n'avez rien ?

LE VIEILLARD, *immobile de corps*.

Non ! Peut-être font-ils sauter les carrefours afin de retarder l'avance de l'artillerie, si les caves s'effondraient et tuaient ceux qui espèrent y sauver leur vie ?

DES VOIX A LA CAVE.

Qu'avez vous ?

UNE AUTRE

Es-tu blessée ?

UNE AUTRE

Allumez la bougie.

LA MÈRE

Que faire ? que faire ?

UNE VOIX A LA CAVE

Ce n'est rien.

VOIX DE L'ENFANT

Maman... maman... Cousine Rose est morte de peur.

UNE VOIX A LA CAVE

Non... non... elle n'est qu'évanouie.

LE VIEILLARD

Ah les canailles et ne pouvoir rien faire !

VOIX DE L'ENFANT

J'ai peur... cousine Rose est morte.

LA MÈRE

Etendez-la.

LE VIEILLARD, colère.

Canailles... qu'imaginent-ils encore pour nous torturer ?

LA MÈRE

Père, calmez-vous !

LE VIEILLARD

Quatre années de tortures, chaque jour, chaque nuit, chaque heure, chaque minute, chaque seconde.

LA MÈRE

Père calmez-vous, souvenez-vous de 70 et des histoires de votre père, de vos grands-pères, de tous nos aïeux, c'est notre sort de toujours, toujours c'est sur nous que leur haine s'acharne.

LE VIEILLARD

En 70 ils étaient moins civilisés, pourtant moins cruels.

LA MÈRE

N'entendez-vous pas des bruits de balles ?

LE VIEILLARD, *écoutant*.

Si... si... si... ce ne sont pas les balles allemandes.

LA MÈRE

Ce sont les Français ?

LE VIEILLARD

Méfiez-vous, quelle heure est-il ?

LA MÈRE

La pendule est arrêtée, renversée.

LE VIEILLARD

Oui, mais à votre montre, cachée là. (*Il montre le sein de Marie*). et qui marque l'heure française.

LA MÈRE

C'est vrai, midi, j'ai si peur.

LE VIEILLARD

Deux jours et trois nuits que nous sommes enfermés dans notre peur, sans boire, sans dormir, et presque sans manger.

VOIX DE L'ENFANT

Maman, cousine Rose demande à boire, veux-tu que je monte chercher de l'eau ? Nous n'en avons plus. (*Il ouvre la trappe*).

LA MÈRE

Oui dépêche-toi. (*L'enfant paraît.*) Mais non, c'est impossible, il n'y a plus d'eau. (*L'enfant va vers la porte*). C'est défendu de sortir même dans le jardin, redescends. (*L'enfant va vers la porte*).

L'ENFANT

Ce sont les Français, maman, du grenier il n'y a pas de danger.

LA MÈRE

Non. (*Il court vers la porte et veut regarder à travers une fissure*).

LE VIEILLARD

Pierre viens ici ! (*L'enfant revient*). Mon enfant tu ne veux pas nous faire tous tuer le jour où peut-être nous allons être tous délivrés, redescends.

L'ENFANT

Bien grand-père. (*Il redescend*).

LA MÈRE

Je n'en peux plus, que faire ? que faire ?

LE VIEILLARD

Attendre, ne rien faire surtout... ne rien faire !

LA MÈRE, *écoutant*.

Il me semble que j'entends du bruit dehors.

LE VIEILLARD, *sceptique*.

Je n'entends rien..., rien.

LA MÈRE *(écoutant)*

Si... si... si... si... vers l'entrée du village.

LE VIEILLARD

Comme d'habitude non... non...

LA MÈRE

si... écoutez un va-et-vient. Ah ! si c'était les Français ! J'aurais alors bientôt des nouvelles de Jean, vit-il encore ?

LE VIEILLARD

Mais oui ! mais oui ! ! ! vous n'allez pas vous faire souffrir avec des mauvaises pensées.

LA MÈRE

Oui, père vous avez raison, vous y pensez autant que moi, si vous ne me parlez jamais de lui, c'est que vos craintes sont aussi grandes que les miennes.

VOIX DE L'ENFANT

J'entends les Français qui arrivent.

LA MÈRE

Oui des bruits, des rumeurs, n'est-ce pas ?

LE VIEILLARD, *écoutant*.

Oui, ah cette fois oui... mais oui... on court, des pas plus légers !

LA MÈRE, *près de la porte, anxieuse, bas*.

J'entends parler français.

LE VIEILLARD

Silence, venez ici, ce sont peut-être les Allemands qui cherchent un motif pour nous tuer avant de partir !

LA MÈRE

C'est honteux de nous placer dans cette situation où nous nous martyrisons peut-être nous-mêmes, que faire ? que faire ?? Si c'était les Français ils ne tireraient pas des coups de canon sur nous.

LE VIEILLARD

Peut-être croient-ils que le village est déjà évacué.

LA MÈRE

Je reconnais l'éclatement des obus allemands.

LA VOIX JOYEUSE DE L'ENFANT,
Ce sont
les Français, ce sont les Français !

LE VIEILLARD
Calme-toi,
calme-toi, attends... attends encore un peu.

VOIX DE L'ENFANT
Maman ! grand-père ! par le soupirail,
j'entends parler français, n'est-ce pas
cousine ?

UNE VOIX DE FEMME
C'est vrai !

LA MÈRE
Je me sens défaillir.

UNE AUTRE VOIX, *de la cave.*
Oui... oui... on parle français.

VOIX DU DEHORS
S'il y a du
monde, ouvrez, ouvrez ! France, France.
(*Marie court vers la porte, l'enfant sort de la
cave suivi des voisines*).

LE VIEILLARD, *terrible.*
Marie ! ! ! (*Elle se
retourne*).

LA MÈRE

Grand-père ?

LE VIEILLARD

Dites-leur d'enfoncer la porte, si c'était l'Allemand...

LA MÈRE, *à la porte.*

Enfoncez la porte ! (*Des coups de crosses, la porte s'abat, les soldats français entrent*).

MARIE, *crie.*

Français... Français... Français. Sortez tous ! ! ! sauvés... enfin... Français, Français. (*Elle se jette au cou du premier soldat*).

Fin du
Quatrième Tableau

Troisième Journée

Cinquième Tableau

Une rue de village, les maisons écroulées, pans de murs, trous d'obus, gabions, fascines, voitures, herses, charrues, meubles divers, chicane, etc.

UN SOLDAT PARISIEN

Tu parles d'une bande de dégoûtants, ils savent qu'il y a des civils ici, des vieux, des femmes, des gosses et ils marmittent.

UN SOLDAT NORMAND

Si jamais j'en r'trouve un dans l'civil, j'lui casse la gueule.

UN SOLDAT SAVOYARD

Depuis deux jours qu'ils se sont barrés comme des péteux, ils continuent de tuer des gens sans défense.

UN SOLDAT PARISIEN

J'te dis, il n'y a qu'à attendre, rien dire et remettre ça dans l'civil, alors là ! homme contre homme, face à face et chaque fois qu'j'en rencontre un, je l'bute, mais pas les soldats, des patates comme nous mais les mecs qui s'en ressentent, les gradés.

UN VIEUX SOLDAT

Que veux-tu ? Plus tard ce sera la paix, la bonne paix, aujourd'hui c'est la guerre, la guerre stupide, sans pitié, toute la vacherie déchaînée, quand la paix éclatera à son tour...

UN SOLDAT PARISIEN

Encore la guerre, oui... moi la Paix ce sera encore la guerre, comme ils la font, à la sournoise.

UN SOLDAT SAVOYARD

Fous-moi la Paix, moi la Paix ça sera la Paix, tu m'entends ? La Paix, puis toutes les armes, leurs canons, leurs avions, leurs munitions, j'veux qu'on détruise tout ça sur la place publique de chaque village.

LE SOLDAT DU PAYS

Dites-moi les copains, est-ce qu'il y a des civils par ici ?

UN SOLDAT PARISIEN

Oui...

presque toutes les cagnas ont des civils.

UN SOLDAT SAVOYARD
Tu connais des gens par ici ?

LE SOLDAT DU PAYS, *heureux*.
J'te crois, c'est
mon village.

UN SOLDAT PARISIEN
Merde, il est un peu abimé.

UN SOLDAT LYONNAIS
T'as encore de la famille, ici ?

LE SOLDAT DU PAYS
Je te crois, ma
femme, mon gosse, mon père.

UN SOLDAT PARISIEN
Alors fais
attention, pauv' vieux, rase les murs, c'est
pas le moment de te faire bouziller.

LE SOLDAT DU PAYS
Je te
crois, j'en ai la frousse... je m'tiens plus,
j'te crois, j'ai envie d'entrer dans chaque
maison et j'ai peur de je ne sais quoi... tu
comprends ?

UN VIEUX SOLDAT
Oui... Oui... pauv' vieux.

LE SOLDAT DU PAYS
Quoi, si j'apprends qu'ils ont été blessés ou qu'il y en a de morts.

UN SOLDAT PARISIEN *montrant une maison*.
Là, il y a encore des paysans.

LE SOLDAT DU PAYS
C'est une cousine... elle me renseignera... j'aime mieux ça d'abord. (*Il se dirige vers la maison*). J'y vais, merci.

UN VIEUX SOLDAT
Bonne chance, rase bien les murs, ils marmitent les rues avec des gros.

DEUXIÈME SOLDAT
Et ils connaissent le coin. (*Deux infirmiers arrivent avec une civière tandis que le Soldat du Pays après avoir hésité entre dans la maison*).

LE SOLDAT DU PAYS *sur le seuil de la porte*
Cousine, vous êtes là ?

UN SOLDAT PARISIEN

S'il ne retrouve pas sa femme et son gosse, c'mec-là, il va devenir tapé.

UN SOLDAT SAVOYARD

Sûr que j'aime mieux être dans ma peau que dans la sienne, après quatre ans, sans nouvelles sûrement, retrouver des maisons démolies, les unes défoncées, ben il faut qu'y les aime, les siens, pour avoir le courage de supporter tout ça.

UN SOLDAT PARISIEN

Moi, je retrouverais mon patelin comme ça, ben dans le civil, j'irais butter Guillaume et pis qu'on soit vainqueurs ou vaincus, hein !

PREMIER INFIRMIER

On fait une pose ? Ah ! j'en ai plein les bras.

DEUXIÈME INFIRMIER

Si tu veux... halte.

UN SOLDAT SAVOYARD

Eh ! camarades, ne vous arrêtez pas là en pleine rue, c'est interdit.

PREMIER INFIRMIER

T'en fais pas, on ne va pas y rester une heure, aujourd'hui y a du boulot.

UN VIEUX SOLDAT

Allez, prenez votre brancard, venez là, contre le mur, vous vous reposerez aussi bien, c'est la consigne.

UN SOLDAT PARISIEN

On va pas attraper huit jours de tôle pour ta pomme.

PREMIER INFIRMIER, *à l'autre.*

Allons ouste. (*Ils prennent leur civière et se mettent près du mur*).

UN VIEUX SOLDAT, *regardant la civière*

Tiens, c'est une femme !

PREMIER INFIRMIER, *posant la civière*

Oui... (*A son collègue*). T'as du gros ?

DEUXIÈME INFIRMIER

Oui, (*il se fouille, et passe son tabac et ses feuilles*). t'as apporté ta gueule.

PREMIER INFIRMIER

Oui... et j'y fais attention, j'veux
conserver un fils à mon père.

UN SOLDAT SAVOYARD

Dis qu'est-ce
qu'elle a ?

PREMIER INFIRMIER

Sans doute un éclat dans la tête.

UN SOLDAT PARISIEN

Elle semble morte, non, elle respire.

PREMIER INFIRMIER

J'crois
qu'elle est bien amochée.

UN VIEUX SOLDAT

Elle est belle !

PREMIER INFIRMIER

Oui...

UN SOLDAT SAVOYARD

Jeune !

PREMIER INFIRMIER

Entre trente et trente-cinq.

UN SOLDAT PARISIEN

Ah ! les brigands !... un contre un, j'te dis
dans le civil.

UN SOLDAT SAVOYARD, *ému*.
Elle a été blessée chez elle ?

DEUXIÈME INFIRMIER, *à son collègue*.
— Tiens (*Il lui rend son tabac ; à l'autre*).
Non, dans la rue.

UN SOLDAT PARISIEN
Aussi pourquoi est-elle
sortie, c'est défendu !

DEUXIÈME INFIRMIER, *allumant sa cigarette*.
On faisait la distribution
des vivres aux civils.

UN SOLDAT PARISIEN
Ça c'est la poisse, tu
parles qu'y la sautent depuis huit jours, les
boches ne leur foutaient rien à becter.

PREMIER INFIRMIER
Elle a
un gosse et son père, son mari est à la guerre,
comme tous ceux d'ici, elle ne recevait
aucune nouvelle.

UN SOLDAT PARISIEN
C'est peut-être la femme
du mec.

UN VIEUX SOLDAT

Fais pas d'roman.

UN SOLDAT PARISIEN

Mon vieux, les romans ça se fait avec la vie.

UN SOLDAT SAVOYARD

Vous la menez à l'ambulance ?

PREMIER INFIRMIER

Oui... à trois cents mètres, dans les cagnas que les boches avaient faites en ca de replis.

UN SOLDAT PARISIEN

Mais on les accompagne un peu plus loin.

UN SOLDAT LYONNAIS

Et ce n'est pas fini, maintenant qu'on les a enfoncés, rien ne nous arrêtera.

PREMIER INFIRMIER

Paraît qu'on repart ce soir à leur poursuite.

DEUXIÈME INFIRMIER

Le cycliste de la division a dit tout-à-l'heure qu'y sont à vingt kilomètres. (*Un obus éclate*).

PREMIER INFIRMIER

Ça y est, ils ont rajusté leur tir, ça va barder ! (*A son collègue*). On les met ?

LE SOLDAT DU PAYS

Ah ! mes amis, mon père, ma femme, mon gosse sont vivants chez une parente, à côté, dans la rue qui monte, la première à gauche, tu veux pas venir avec moi ? tu la préviendrais, j'ai peur qu'elle me voie trop vite... autant pour elle que pour moi.

UN VIEUX SOLDAT

Si tu veux. (*A l'autre sentinelle*). Si le serpied vient, tu lui diras c'que c'est et que je reviens dans deux minutes.

UN SOLDAT SAVOYARD

Oui, mais soyez prudents, rasez bien les murs, faut pas s'faire amocher aujourd'hui.

UN VIEUX SOLDAT

T'en fais pas. (*Au Soldat du Pays*). Viens.

LE SOLDAT DU PAYS

Quel beau jour. (*Il embrasse le soldat*). Tu ne me croiras pas, mais je n'en veux plus à personne.

PREMIER INFIRMIER

Vieux on repart ?

DEUXIÈME INFIRMIER

C'est ça. (*Ils se préparent à l'effort, le Soldat du Pays se retourne vers eux, regarde la civière*).

LE SOLDAT DU PAYS

Marie... Marie ! ! (*Il tombe à genoux, lui prend les mains*).

UN SOLDAT PARISIEN

Merde !

UN VIEUX SOLDAT

Laisse-le, laisse-le...

LE SOLDAT DU PAYS

Elle est morte... morte...

PREMIER INFIRMIER
Mais non, mais non.

LE SOLDAT DU PAYS, *la tête sur sa femme.*
Ah ! les vaches... ah les vaches... ah les vaches !...

Fin du
Cinquième Tableau

Sixième Tableau

*Une sale infirmerie adossée à un petit mont,
travail allemand lourd et solide, vaste et clair.
Le public voit à travers la terre, dehors, partout
la désolation de la guerre. Une civière sort. Des
infirmiers apportent deux civières, sur la première
Marie, sur la seconde, le Soldat du Pays*

LE MAJOR, *regardant Marie.*
Pauvre femme, elle mourait quand on la
transportait, la deuxième blessure était
inutile.

UN INFIRMIER

A la guerre, certains morts sont
tués plusieurs fois, qui sait ? peut-être que
les obus iront encore la frapper là où nous
allons l'enterrer.

LE MAJOR

Emportez-la, enterrez-la
de suite, si on vient la réclamer chacun dira
qu'elle est évacuée et que nous ne savons
pas où. (*Deux infirmiers emportent le brancard
de la morte*).

L'INFIRMIER MAJOR

Bien monsieur le major. (*Aux autres infirmiers*). Vous avez compris ?

LES INFIRMIERS

Oui.

LE MAJOR,

regardant la civière du Soldat du Pays.
Et celui-là qu'a-t-il ? (*Il le palpe*). Il n'est qu'évanoui. (*Il écoute le cœur*). Oui. (*Il lève le bras au Soldat du Pays*). Rien, (*il lève l'autre bras*). Rien, les jambes rien. (*Il les lève l'une après l'autre*).

L'INFIRMIER

Ça c'est drôle, sa capote porte un numéro de la division et sa veste un autre numéro, qui n'est pas de la division.

LE MAJOR

La face est tragique, une cuvette, de l'eau, du désinfectant et de l'ouate. (*Un infirmier le sert*).

L'INFIRMIER

Non, non... il ne doit pas être de la division.

LE MAJOR

Il a été pris dans le vent de l'obus, la face est remplie de poussière, de grains de poudre, il deviendrait aveugle que ce serait normal, on va le panser légèrement et l'évacuer. (*Il le panse*). Ses yeux sont révulsés, on ne peut rien encore certifier, espérons, c'est tout.

L'INFIRMIER

Je ne comprends pas comment un soldat de cette division soit parmi nous.

LE MAJOR

Mais sa capote est celle d'un soldat et sa veste porte des galons de sous-lieutenant.

L'INFIRMIER

Quel peut-être ce mystère ?

LE MAJOR, *pansant le Soldat du Pays.*

Sans doute cette femme devait être une parente, il devait être près d'elle ?

L'INFIRMIER

J'étais

assez loin monsieur le major, je regardais
un peu partout et je n'ai qu'un souvenir
d'image.

LE MAJOR
Où cela se passait-il ?

L'INFIRMIER
Je me
souviens en effet, les deux infirmiers se
reposaient près d'un pan de mur, la femme
devait être sur la civière, un infirmier à
la tête, l'autre aux pieds, le soldat était à
genoux.

LE MAJOR
C'est ça, l'obus est tombé sous eux.

L'INFIRMIER
Je crois, un obus de gros calibre, sans
doute un 105 percutant a explosé, j'étais à
vingt mètres de l'endroit, où ils se trouvaient,
avec des brancardiers nous recherchions,
dans les décombres, s'il se trouvait
des blessés, dès que les éclatements furent
tombés et que les fumées se dissipèrent,
je courus avec mes hommes, les deux
infirmiers étaient coupés en morceaux, la
femme était étendue à terre et plus loin,

à deux mètres peut-être, ce soldat était
évanoui.

LE MAJOR

C'est bien ce que je pensais, les
infirmiers debout ont reçu les gros éclats,
et la femme qui était étendue et lui qui était
à genoux ont été pris dans le vent de l'obus,
la femme sans doute était une parente, il
est commotionné avec des blessures légères,
pourtant il peut rester aveugle ?

L'ENFANT, *entrant timidement*.

Monsieur le
major français, maman a été blessée et
transportée ici, où est-elle ? qu'a-t-elle ?

LE MAJOR, *gêné*.

C'est ta maman, mon petit bonhomme ?

L'ENFANT

Oui monsieur.

LE MAJOR

Eh bien, mon enfant elle a
été blessée au pied, oh, ça n'est pas grave...
non... mais on vient de l'évacuer par
automobile... il y a bien de cela une heure
et elle doit être loin maintenant.

L'ENFANT

Si ce n'est rien, ça va... pourquoi que vous ne l'avez pas gardée ?

LE MAJOR

C'est un ordre.

L'ENFANT

Mais vers où est-elle partie ?

LE MAJOR

Nous ne savons jamais cela nous autres, le chauffeur seul connaît la direction qu'il doit prendre.

L'ENFANT, *attristé*.

Oui

LE MAJOR

Mais elle t'écrira de venir dès qu'elle sera dans un hôpital.

L'ENFANT

Ce sera long ?

LE MAJOR

Deux ou trois jours.

L'ENFANT

Qu'allons-nous devenir ? J'ai

faim, depuis le départ des Prussiens nous n’avons presque pas mangé.

L’INFIRMIER

Tu aimes le chocolat ?

L’ENFANT, *étonné*.
Vous en avez, vous autres ?

L’INFIRMIER, *fouillant sa musette*.
Oui… tiens, en veux-tu deux tablettes ?

L’ENFANT, *les prenant*.
Merci, monsieur le soldat français, on croyait plus vous revoir, vous savez.

LE MAJOR
Ton papa, il est soldat ?

L’ENFANT
Oui, il a été blessé en 1914 et depuis on n’a plus de nouvelles.

L’INFIRMIER
Veux-tu du pain ?

L’ENFANT, *étonné*.
Vous en avez ? (*Il prend le pain*

que l'infirmier lui tend). Merci monsieur. (*Stupéfait*). Oh qu'il est blanc ! comme celui que nous avions avant la guerre ! (*Un jeune blessé entre*).

LE MAJOR

Maintenant descends manger dans la sape et si j'ai des nouvelles de ta maman je te préviendrai tout de suite. (*A l'infirmier.*) Nous ne pouvons le renvoyer en ce moment. (*Le bombardement reprend avec violence.*)

L'ENFANT

Merci, monsieur le major, mais après j'irai rassurer mon grand-père. (*L'infirmier le mène à l'entrée de la sape*).

LE MAJOR, *au blessé*.

Qu'as-tu ?

LE SOLDAT PARISIEN

Rien.. dans le dos, j'm'en fous.

LE MAJOR

Dans le dos... mais où ?

LE SOLDAT PARISIEN

Oui là. (*Il retire sa capote*). Un

éclat là, mais je m'en fous, mais vous savez monsieur le major, ils ne m'ont rien mis auprès de ce que je leur ai fait mettre, oh ! là... hier. (*Il retire sa veste*).

LE MAJOR, *pour l'occuper.* Qu'est-ce que tu leur as fait mettre ?

LE SOLDAT PARISIEN J'étais de garde, oh ! là... là... faut pas être méchant ! (*On lui retire sa chemise.*)

LE MAJOR Ce n'est pas grave. Alors tu me disais ?

LE SOLDAT PARISIEN Voilà ! Un artilleur qui venait de garder les côtes, une bleusaille quoi ! qui vient faire la liaison...

LE MAJOR Bien, ça y est, je vois les morceaux.

LE SOLDAT PARISIEN Hou ! ! ! merde... ça fait mal !

LE MAJOR

Et alors ?

LE SOLDAT PARISIEN

L'mec avait la frousse..., la première fois, alors j'ai pris sa garde et la mienne.

LE MAJOR

C'eſt bien, ne bouge pas. Et après ?

LE SOLDAT PARISIEN

Oh... vous piquez ! ! ! Les boches attaquent, quand faut une fusée verte, j'suis fantassin, j'dis qu'en faut deux et qu'eſt-ce qu' i's ont pris, notre service d'envoi était régulier, chez les boches, le service de réception avait un boulot fou. Aïe ! Vous me faites très mal !

LE MAJOR

Ce n'eſt rien.

LE SOLDAT PARISIEN

Pour vous !

LE MAJOR

En somme c'eſt grâce à toi si

l'attaque ennemie a raté et que la nôtre a si
bien réussi.

LE SOLDAT PARISIEN

Ah ! vous me donnez chaud,
c'est grave ?

LE MAJOR

Non... non...

LE SOLDAT PARISIEN

Mais il y avait
le vieux.

LE MAJOR *intrigué, cessant son travail.*

Quel vieux ?

LE SOLDAT PARISIEN

Un mec. On ne sait
pas d'où il venait, il en avait dans l'buffet,
il a pris la machine à battre les panetots,
l'chef de pièce venait d'être bouzillé, l'vieux
est monté tout seul sur la tranchée, il s'est
carré dans un trou d'obus, les copains lui
passaient les caisses et l'vieux... bing...
bing... bing... i' descendait tous les boches
qu'arrivaient.

LE MAJOR

Dis-moi, qu'est-il devenu le
vieux ?

LE SOLDAT PARISIEN

J'sais pas, il était du village, ah il m'en a raconté des trucs... il avait d'l'instruction.

LE MAJOR *à l'infirmier, désignant le Soldat du Pays.*
C'est lui ?

L'INFIRMIER

Ça se pourrait bien.

LE MAJOR

Eh ! bien, mon petit, on va t'évacuer sur la zone de l'intérieur, tu as quelques éclats que je ne peux pas extraire.

LE SOLDAT PARISIEN

Bath, on va revoir les petites croix rouges, les lits blancs où l'on peut dormir sans s'presser.

LE MAJOR
Quand tu seras guéri, la guerre sera terminée.

LE SOLDAT PARISIEN
J'men fous d'la guerre, c'que j'n'aime pas, ce sont les juteux.

LE SOLDAT DU PAYS, *couché*,
Où suis-je ?

LE MAJOR, *au soldat parisien*.
Passe par là. (*L'infirmier l'accompagne*).

LE SOLDAT PARISIEN
Merci m'sieu le major. (*A l'infirmier*). Mon vieux bras cassés je te donne pas de poursoif j'suis sans un. (*Il sort*).

LE MAJOR, *au Soldat du Pays*.
Avec les Français.

LE SOLDAT DU PAYS
Ah ! mais... où suis-je ?

LE MAJOR
A l'ambulance.

LE SOLDAT DU PAYS
Où çà ?

LE MAJOR
La ferme de Nouës.

LE SOLDAT DU PAYS, *bas*.
Chez moi ! (*Au major*). Que s'est-il passé ?

LE MAJOR
Vous avez été commotionné par un obus de gros calibre.

LE SOLDAT DU PAYS
J'ai mal partout, je ne vois pas clair. (*Se tâtant*). J'ai la tête enveloppée.

LE MAJOR
Vous avez eu le visage labouré par la déflagration des gaz.

LE SOLDAT DU PAYS
Puis-je me lever ?

LE MAJOR, *l'aidant*.
Oui, si vous le voulez.

LE SOLDAT DU PAYS, *se mouvant*.
Je souffre de partout et j'ai mal au cœur.

LE MAJOR
Vous avez été roulé à plusieurs

mètres, par bonheur vous étiez à genoux, sans cela vous étiez tué.

LE SOLDAT DU PAYS, *se souvenant*.
Ah ! oui... et ma femme qui était sur la civière ?

LE MAJOR
C'était votre femme ? Nous ne le savions pas, elle a été évacuée sur la zone de l'intérieur.

LE SOLDAT DU PAYS
Qu'avait-elle ?

LE MAJOR
Un léger éclat dans le dos, puis dans la commotion, le bras cassé, rien de grave.

LE SOLDAT DU PAYS, *rassuré*.
Où l'a-t-on évacuée ?

LE MAJOR
Nous ne savons pas, elle a pris place dans l'ambulance automobile, elle écrira.

LE SOLDAT DU PAYS
Oui... oui...

L'ENFANT, *sortant de la sape*.
J'avais si faim, que

j'ai tout mangé et maintenant je pense à grand-père qui doit avoir faim et qui est seul. (*Le Soldat du Pays tourne la tête du côté de l'enfant*).

LE MAJOR
Venez par ici vous reposer.

LE SOLDAT DU PAYS
Oui... oui...

L'INFIRMIER, *à l'enfant.*
Tiens. (*Il lui donne du chocolat et du pain*).

L'ENFANT
Cette fois c'est pour grand-père qui est paralysé.

LE SOLDAT DU PAYS, *craintif.*
Pierre. (*Silence*). C'est toi Pierre ?

L'ENFANT, *fier.*
Oui Pierre Dorchamps.

LE SOLDAT DU PAYS
Mon fils ! viens dans mes bras.

L’ENFANT

C’est toi papa ? tu es blessé ?

LE SOLDAT DU PAYS

Ce n’est rien…, viens mon enfant. (*Il lui tend les bras*).

L’ENFANT

Tu sais, maman est blessée aussi.

LE SOLDAT DU PAYS

Ma femme n’est que blessée, mon père est vivant, j’ai mon gosse, maintenant je n’en veux plus à personne. (*Il serre son enfant contre lui*). Tu dois être grand aujourd’hui mon Pierre, mets-toi là, debout, contre moi. (*Il mesure sa tête à sa hauteur*). Tu es grand. (*Il tâte ses deux épaules*). Tu es fort.

L’ENFANT

J’ai quatorze ans.

LE SOLDAT DU PAYS

C’est vrai dix et quatre… ça fait quatorze, donnez-moi une chaise. (*L’infirmier lui en apporte une, il prend sa tête dans ses mains et sanglote*).

L'ENFANT, *pleurant aussi.*
Papa ! papa !

LE SOLDAT DU PAYS
Je ne peux même pas t'embrasser, ces émotions sont trop dures.

LE MAJOR, *ému.*
Tout est bien... voyons... vous êtes heureux.

LE SOLDAT DU PAYS
Le malheur est plus facile à supporter. (*Il se lève.*) Permettez-moi d'aller embrasser mon vieux père.

LE MAJOR
Oui, mais avant il faut que je regarde un peu vos yeux. (*Il débande la tête du Soldat du Pays*). Vos larmes ont fait du bien, vous n'avez plus les yeux révulsés on voit mieux, ce ne sera pas grave. (*Il lui lave les yeux et le rebande*). Mais n'essayez pas de voir pendant au moins plusieurs heures. (*L'infirmier essuie ses larmes*). Allez, mais revenez bientôt... Il faut vous évacuer... vous avez besoin de soins... si vous voulez conserver votre vue.

LE SOLDAT DU PAYS
Merci monsieur le
major.

L'ENFANT
Tu ne resteras pas avec nous ?

LE SOLDAT DU PAYS
Je
reviendrai.

L'ENFANT
Bientôt n'est-ce pas ?

LE SOLDAT DU PAYS
Mène moi
vers le père.

LE MAJOR
Ne restez pas trop longtemps.

LE SOLDAT DU PAYS
Non. Où est-il le père ?

L'ENFANT
Chez la Pierron
car ici, dans la ferme, les Allemands y
vivaient, d'ailleurs, il n'en reste rien, les
Français l'ont bombardée.

LE SOLDAT DU PAYS
Ici tous, Français
ou Allemands étaient vos ennemis.

LE MAJOR

Soyez prudents, le bombardement diminue parce qu'on les poursuit et on repère leurs pièces.

L'INFIRMIER
à l'enfant qui tient la main de son père.
Du chocolat ?

L'ENFANT

Du pain aussi.

L'INFIRMIER

Tiens, pour ton grand-père.

L'ENFANT

Merci monsieur, viens papa, je vais te conduire.

Fin du
Sixième Tableau

Septième Tableau

La scène représente une cour de ferme, à gauche, en face ainsi qu'à droite, les maisons ne sont plus que des tas de gravas, au loin des arbres sciés, certains sciés à mi-tronc pendent à terre, des pans de murs et des maisons démolies à perte de vue.

LE SOLDAT DU PAYS

Mon enfant où allons-nous ? il me semble
que nous devrions déjà être arrivés.

L’ENFANT

Père,
je t’ai fait prendre un détour à cause des
obus, nous avons d’abord traversé le verger,
nous voici maintenant dans la cour de la
ferme, devant les restes de l’habitation où
jadis s’élevait la tour...

LE SOLDAT DU PAYS

....Où nous sommes
tous nés.

L’ENFANT

Il n’en reste rien qu’un gros tas

de pierres, pas une tuile en place, pas une
poutre debout, tous les meubles sont pourris
par le temps, maman disait souvent : une
aiguille même nous ne la retrouverons pas
ou si nous la retrouvons, elle sera rouillée et
ne pourra servir de rien.

LE SOLDAT DU PAYS

Et voilà le loyer
de mes peines !

L'ENFANT

Pauvre père, il vaut mieux
ne rien voir que voir tout cela.

LE SOLDAT DU PAYS

Mets-moi
face au soleil quand il se lève.

L'ENFANT, *le prend et le tourne*.

Tourne-toi...
comme ça... encore un peu... là !

LE SOLDAT DU PAYS

L'habitation
était en face. (*Il montre*).

L'ENFANT

Oui papa.

LE SOLDAT DU PAYS

A droite étaient les étables de nos belles vaches, au-dessus les finières.

L'ENFANT

Oui papa, mais les vaches ont été réquisitionnées par les Allemands dès qu'ils entrèrent dans notre village.

LE SOLDAT DU PAYS

Ah !... à gauche l'immense grange.

L'ENFANT

Oui, mais comme le reste, les Allemands commencèrent à la bombarder avant de prendre le village et dès que le village fût pris, les Français achevèrent de tout détruire.

LE SOLDAT DU PAYS

Là était la pompe qui alimentait la maison.

L'ENFANT

La pompe était en cuivre, les Allemands l'ont enlevée.

LE SOLDAT DU PAYS

Ah !... mais, les domestiques, que sont-ils devenus ?

L'ENFANT

Le père Lenoux est mort,
les autres sont partis, comme toi.

LE SOLDAT DU PAYS

Oui,
mais les femmes ?

L'ENFANT

Celles qui étaient valides,
furent comme civiles envoyées en Allemagne.

LE SOLDAT DU PAYS

Ah ! et nos arbres ? Qu'en reste-t-il ? Les
poiriers, les pommiers ?

L'ENFANT

Les arbres un à un
ont été sciés par les Allemands avant leur
départ.

LE SOLDAT DU PAYS
Pourquoi, pourquoi ?

L'ENFANT

Les soldats
ont reçu l'ordre de les couper ; en le faisant,
les uns étaient heureux, d'autres avaient
les larmes aux yeux.

LE SOLDAT DU PAYS
Oui... c'eſt possible...
de l'usine à sucre, il ne reſte rien... hier
soir, je ne voyais du haut de la crête qu'un
tas de plâtras.

L'ENFANT
En 14 quand les Français y
étaient, les Allemands l'ont bombardée, après
ce sont les Français qui l'ont bombardée.

LE SOLDAT DU PAYS
Mais les alambics et tout le matériel ?

L'ENFANT
Pièce
à pièce, tout fût démonté et transporté
chez l'Allemand par les Allemands et ceux
qui y travaillaient, les valides, les femmes,
les vieillards et jeunes gens furent emmenés
un matin chez l'Allemand par les Allemands.
Maman et moi nous sommes reſtés à cause
de grand-père qui était paralysé.

LE SOLDAT DU PAYS
Oui...
nous allons bientôt le revoir, pauvre vieux.
Mais dis moi : et le beau manoir qui avait
plus de cinq cents ans ?

L'ENFANT

Il était encore
debout il y a quinze jours, mais avant de
partir ils sont devenus fous, toujours ils
nous disaient : — Ici ce sera la grande
Allemagne, vous parlerez allemand avant
dix ans ! Et sans doute de rage d'être chassés,
ils ont miné le manoir, qui a sauté : il n'y a
que des pans de murs qui soient encore
debout.

LE SOLDAT DU PAYS, *sa tête tremble.*

Et je n'ai même plus mes yeux
pour pleurer !

L'ENFANT

Pauvre père ! (*Il pleure*).

LE SOLDAT DU PAYS

Pierre, tu pleures ? mon enfant...

L'ENFANT

Je pleure
sur tout ce qui m'entoure, je viens de
comprendre, je m'étais petit à petit habitué
à cette vie et maintenant j'en vois toute
l'horrible misère, le malheur me vieillit.
(*Il se mouche, se redresse, s'essuie les yeux*).

LE SOLDAT DU PAYS
Mon enfant.

L'ENFANT
Je pleure pour toi, maman, grand-père et tout ce que nous n'avons plus.

LE SOLDAT DU PAYS
Calme-toi pauvre enfant d'un siècle inhumain.

L'ENFANT
En attendant que j'aie la force de nous venger tous.

LE SOLDAT DU PAYS
Non, Pierre. Non. Regrette cet espoir, les fils doivent être absouts des crimes de leurs pères, mais au contraire il faut songer à rendre les Allemands libres et par cela heureux ainsi que nous l'étions avant la guerre par les efforts multipliés de nos pères. La mort des nôtres, de nos foyers est irréparable à jamais, mais pour l'orgueil de nos aïeux, le bonheur de ceux qui viennent, il faut que les Français et les Allemands se connaissent mieux, se comprennent enfin ! Car toutes ces misères sont causées par une erreur.

L'ENFANT

Mais comment, père, vivre de cette terre inculte, brûlée ? Comment retrouver le bonheur que j'ai connu quand j'étais tout petit dans ce monceau de bois, de briques, de moellons, de platras ?

LE SOLDAT DU PAYS

Mais Lyon, Bordeaux, Saint-Etienne, Royan, Toulouse, Marseille, Perpignan, Alger, Nice, Paris, Toulon, Nîmes, Rouen dont j'ai défendu la faible vieillesse de vos mères, l'honneur de vos filles, de vos femmes, la pensée de vos pères, l'esprit de vos fils, vos maisons, vos œuvres, vos droits ; quand moi j'ai ma femme blessée, ma maison démolie, mes champs dévastés, mes yeux peut-être perdus, à votre tour, défendez-moi... au secours ! à moi ! à moi ! !

L'ENFANT

Nous serons seuls avec la nature indifférente comme nous avons été seuls avec les Allemands commandés par des brutes ou des lâches qui se cachaient et qui se sauvent.

LE SOLDAT DU PAYS

Mais, n'avons-nous pas avec nous, ceux qui ont mêlé leur sang au nôtre ? et le sang n'est-il pas plus précieux que l'argent ? Athènes source de ma pensée, Rome qui m'apprît mon droit, où mon père fût blessé pour sauver vos libertés, Londres au service de l'Honneur, Montréal, Saint-Louis que nous avons enfantés, New York dans tes jours de malheur, n'as-tu pas eu notre confiance et nos bras ? Buenos Aires, mon cousin a sauvé ta Loi et partout où la fière Liberté gémissait, les miens n'ont-ils pas couru pour la défendre, la sauver ? Aujourd'hui je suis sans femme, sans foyer, peut-être aveugle, parce que j'ai défendu la Liberté du Monde, la Paix, la Loi, le Droit. Au secours... à moi ! Et toi grande Allemagne que je viens de sauver malgré toi de tes tyrans fratricides, qui, malgré tes blessures respiras les parfums de la fleur sacrée de la Liberté, vous tous, au secours... à moi... je suis votre victime... venez à mon secours. A moi... à moi ! ! ! (*Il sanglote pendant que le rideau tombe brutalement*).

octobre 1918.
—juillet 1929.

Fin du
Dernier Tableau

Achevé
de typographier
et d'imprimer
pour la première fois
le vingtième jour de Juin
mil-neuf-cent-trente
sur les presses de
FRANÇOIS BERNOUARD
10, Rue Lebel
VINCENNES